Bergo Marco

MATERIALI E FINITURE

PER L'ARREDAMENTO D'INTERNI

Quale materiale è più adatto per i tuoi arredi?

www.bergomarco.it

Copyright © 2021 Bergo Marco

Tutti i diritti riservati, in Italia e all'estero. Nessuna parte di questo libro può essere riprodotta, memorizzata, modificata o trasmessa in alcuna forma (fotomeccanica, fotocopia, elettronica, chimica, su disco o altro, compresi cinema, radio, televisione) senza il permesso scritto dell'autore, esclusi i casi della breve citazione utilizzabile in recensioni ed articoli.

L'AUTORE

Mi presento. Mi chiamo Marco Bergo e sono responsabile tecnico e commerciale nel settore dell'arredo.

Sono nato e cresciuto in una famiglia di falegnami la quale mi ha permesso di imparare il mestiere fin da quando avevo 16 anni. In quegli anni infatti facevo il "garzone in bottega" durante le pause scolastiche.

Il mio percorso di studi è iniziato all'Istituto Statale d'Arte di Cantù, continuando poi all'Accademia di Belle arti di Brera a Milano. Gli anni scolastici si dividevano quindi tra il lavoro del falegname in bottega e lo studio dell'arte e della teoria del progetto, scoprendo i grandi maestri del design italiano.

Terminai il triennio di "Progettazione artistica per l'impresa" all'accademia di Brera laureandomi con lode con una tesi di laurea dal titolo "La Brianza e Cantù tra legno e design" dove analizzai il territorio della Brianza studiando la lunga tradizione artigiana del mobile. Volevo sapere perché ero nato in una famiglia di falegnami e come mai in Brianza, mio luogo d'origine, fosse così diffusa questa professione.

Concluso il triennio decisi di ultimare gli studi con il biennio di "Product design" o più semplicemente *design del prodotto industriale*, dove imparai i metodi di lavoro e gli strumenti progettuali del settore.

Sono sempre stato convinto che il lavoro del falegname non fosse soltanto manuale e, al contrario, il lavoro del progettista non fosse solo mentale. Decisi così di approfondire questo concetto nella mia tesi di laurea finale intitolata "Designer e falegname, due figure distinte?", analizzando entrambe le figure e cercando di capire se potevano coesistere nella stessa persona.

La fine degli studi e l'ingresso definitivo nell'azienda di famiglia mi hanno permesso di imparare ciò che mancava alla mia formazione produttiva, arrivando col tempo a perfezionare i prodotti offerti alla clientela e di conseguenza l'immagine aziendale.

Oggi sono responsabile tecnico e commerciale dell'azienda Bergo Arredi di Cantù e direttore artistico del brand Monolitika, produttore di mini-cucine con coperchio.

Potete avere più informazioni visitando i siti web:

WWW.BERGOARREDI.IT

WWW.MONOLITIKA.IT

PERCHÉ QUESTO LIBRO

Molti dei miei clienti mi chiedono arredi ispirati a foto trovate sul web senza realmente sapere come sono realizzati o se quello che hanno scelto è adatto al loro stile di vita. Il valore aggiunto di un'abitazione sono i mobili che la arredano, i quali possono renderla vivibilmente perfetta o trasformarla in un orrore con la stessa facilità.

È importante sapere esattamente quali materiali vengono utilizzati per il vostro arredo, se il prezzo è corretto con il reale valore del materiale e se le caratteristiche tecniche del prodotto fanno al caso vostro.

Leggendo questo libro imparerete a distinguere un materiale da un altro, conoscere gli aspetti positivi e negativi di ogni finitura arrivando a scegliere i mobili di casa con una reale conoscenza dell'argomento.

Il primo capitolo sarà una spiegazione tecnica a mio avviso necessaria su che cos'è il legno, quali sono le sue proprietà e i suoi difetti. Nei capitoli successivi analizzeremo i pannelli di supporto per giungere alle varie finiture estetiche. In conclusione vedremo alcuni tra i materiali da completamento più utilizzati in questo ambito.

INDICE

1. I MATERIALI STRUTTURALI

Nell'arredamento è possibile distinguere i materiali in due macro categorie: le finiture estetiche e i materiali di supporto.

A partire dai primi anni del '900 infatti, il legno nel mondo dell'arredamento è visto per la maggior parte dei casi sottoforma di pannelli di varie misure e spessori i quali verranno poi ricoperti per avere l'aspetto estetico desiderato.

Anche se il legno è la materia prima con cui si producono questi pannelli, ne esistono di diverse fattezze, tutte caratterizzate da densità e tipi di lavorazione differenti.

Prima di vedere i vari pannelli e le differenti finiture estetiche ritengo doveroso darvi una spiegazione di che cos'è il legno, quali sono le sue caratteristiche e i suoi difetti principali.

CHE COS'È IL LEGNO?

Il Legno è un materiale che unifica la storia dell'uomo e quella del mondo. La sua scoperta è un viaggio della materia prima fino alle variegate forme dell'abitare e del design. Il legno cresce nei boschi e nelle foreste di tutto il pianeta e arriva nelle imprese e sui tavoli degli artigiani, che gli restituiscono una nuova vita trasformandoli in tavoli, sedie, armadi, comodini, violini e violoncelli, cucchiai, edifici, intere città, luoghi belli ed accessibili dove il vivere diventa un buon vivere.

È un materiale duro e resistente di origine vegetale, utilizzato come combustibile e come materiale da costruzione. Si ricava dai fusti delle piante, in particolare dagli alberi ma anche dagli arbusti, dalle conifere e dalle latifoglie, caratterizzate dall'avere fusto e rami che crescono concentricamente verso l'esterno di anno in anno e dall'avere i tessuti composti essenzialmente da cellulosa, emicellulosa e lignina.

Figura 1- Base di un albero vista da vicino.

Il legno, utilizzato in svariati ambiti, possiede molteplici proprietà fisiche, tra cui:

- La resistenza a trazione e compressione che varia a seconda della direzione della sollecitazione; infatti se il legno viene sollecitato nel senso delle fibre la resistenza è di gran lunga maggiore rispetto ad una sollecitazione trasversale; inoltre se aumenta l'umidità del pezzo aumenta anche la resistenza, in quanto si rafforza l'elasticità delle fibre.
- La resistenza al fuoco è ovviamente molto bassa in quanto il legno è uno dei materiali più infiammabili: esistono tecniche che aumentano questa resistenza come i trattamenti di "ignifugazione" i quali consistono nell'applicare sulla superficie vernici che in presenza di calore producono gas particolari ritardandone la combustione.
- La conducibilità termica ed elettrica: molto bassa, una caratteristica dovuta dalla sua bassa densità.
- La resistenza chimica che è invece elevata: il legno viene infatti utilizzato in edifici posti in luoghi inquinati o nelle industrie chimiche.

Infine i materiali legnosi si distinguono dagli altri materiali grazie alle loro proprietà estetiche; tra cui:

- La porosità, molto importante per quanto riguarda la verniciatura del legno, infatti nello stesso pezzo si hanno porosità differenti, le quali donano venature e colorazioni particolari.

- La venatura, data dal contrasto tra le zone tardive e quelle primaverili degli anelli annuali.
- Il colore, in linea di massima peculiare per ogni essenza legnosa.

I DIFETTI DEL LEGNO.

Il legno è uno dei materiali più utilizzati al mondo. Ha caratteristiche peculiari che lo differenziano da altri materiali e lo rendono nobile. Non tutte le piante però sono adatte a produrre il legname che verrà utilizzato; alcune infatti presentano difetti più o meno gravi che possono comprometterne la resa.

Alcuni di questi sono:

- L' attaccabilità da microrganismi: è necessario dunque adottare protezioni prima della messa in opera come la carbonizzazione superficiale, la spalmatura o l'iniezione di sostanze antisettiche.
- Lo sviluppo anomalo del tronco è dato dall'azione del vento che incurva il tronco e sposta il midollo o lo sdoppia.
- La torsione delle fibre che fa si che queste ultime si dispongano seguendo un andamento ad elica; ciò ne compromette la resistenza.
- La cipollatura, data dal distacco totale o parziale di due anelli annuali consecutivi.
- La deformazione della pianta dovuta alla perdita dell'acqua contenuta nell'albero avviene quando l'umidità del legno scende al di sotto del 30% del suo peso secco.
- I nodi che sono un prolungamento di un ramo, all'interno del fusto o di un ramo più grande. I rami si sviluppano partendo dal midollo, la parte centrale del fusto, ed aumentano la loro dimensione aggiungendo ogni anno un anello di legno.

Figura 2- Esempio di cipollatura.

Durante lo sviluppo dell'albero, quindi, la maggior parte degli strati, specialmente quelli più interni muoiono e gli strati successivi, vi crescono sopra, avvolgendoli. La presenza dei nodi influisce sulla resistenza alla rottura, sulla deformabilità, sulla facilità di lavorazione e la tendenza alla formazione di fessure.

Figura 3- Sviluppo anomalo del tronco.

Sono difetti che in genere riducono la qualità del legname e ne abbassano il valore ove sia impiegato come materiale strutturale e sia importante la resistenza. L'influenza dei nodi sulla resistenza di una struttura come una trave dipende dalla loro posizione, dimensione, numero, direzione delle fibre e consistenza, ma solamente i difetti più importanti possono incidere sull' elasticità di una trave.

Per particolari applicazioni, per esempio pannelli a vista, la presenza dei nodi è positiva poiché dona al legno un aspetto estetico più variegato ed interessante.

Figura 4 - Esempio di nodo.

I DERIVATI DEL LEGNO.

Considerati i difetti del legno elencati nel primo capitolo, il settore del legno-arredo ha intrapreso un percorso di studio e perfezionamento di materiali derivati della materia prima principale, accuratamente lavorata e migliorata.

LISTELLARE.

Il listellare, costituito da un'anima di listelli incollati tra loro rivestita su entrambi i lati da 2 strati di sfogliato sovrapposti. I listelli dell'anima, in abete o in pioppo, hanno la venatura in entrambi i sensi del pannello. Questo permette di azzerare le forze sprigionate dalle fibre contenute nei listelli interni mantenendo il pannello perfettamente dritto.

Figura 5 - Esempio di pannello listellare.

TRUCIOLARE.

Il Truciolare è un materiale composto da piccole particelle di legno pressate e incollate per formare dei pannelli. Ci sono molti tipi di truciolare di diverso spessore e qualità; quest'ultima data dal tipo di legno con il quale viene creato il truciolo e dalla densità con il quale vengono incollati tra di loro.

Alla colla possono essere aggiunte anche soluzioni sterilizzanti per evitare la formazione di muffe e batteri, soluzioni chimiche per ritardarne la combustione e rendere il pannello resistente al fuoco o, all'opposto, soluzioni che rendono il pannello resistente all'acqua.

Pur essendoci diverse qualità di truciolari, questo materiale rimane comunque "fragile" se confrontato con altri tipi di materie prime. Questo difetto risulta molto evidente quando, ad esempio, si deve avvitare una vite nel pannello e, per necessità di lavorazione, svitarla e avvitarla più volte. Essendo un materiale composto da pezzetti, tende a sgretolarsi e creare fori più grandi lasciando poca presa alla vite.

Figura 6 - Esempio di pannello truciolare.

MULTISTRATI.

Il multistrati è un pannello formato da strati di legno più o meno spessi, i quali vengono incollati e pressati tra di loro con colle apposite. Anche in questo caso come per il Truciolare, si possono aggiungere delle soluzioni alle colle per rendere il multistrati immune a batteri, al fuoco o all'acqua. Proprio per queste caratteristiche, se sollecitato, questo materiale avrà una maggiore resistenza e tenuta.

I pannelli di multistrati più utilizzati nel settore dell'arredamento sono quelli realizzati con legno di pioppo e di betulla. Il multistrato di pioppo ha un peso inferiore ma risulta essere molto meno duro rispetto a quello in betulla che, al contrario, è si più resistente ma ha un peso maggiore.

Figura 7 - Esempio di pannello multistrati.

MDF.

L' MDF, un legno artificiale composto da fibre di legno.

Pur essendo un materiale grezzo, il Medium Density Fibreform possiede una superficie liscia e una struttura uniforme che permette qualsiasi tipo di lavorazione meccanica, soprattutto quelle a C.N.C. (macchine a controllo numerico).

Figura 8 - Esempio di pannello MDF.

La produzione dei pannelli di MDF parte dagli scarti di lavorazione del legno, i quali vengono scortecciati e subito macinati. Questo passaggio genera pasta di fibre che viene successivamente immersa in acqua. Durante questo passaggio è possibile aggiungere alcuni prodotti che hanno lo scopo di conferire al pannello caratteristiche quali antifungini, antimuffa o idrorepellenza. La pasta di fibre viene poi compressa grazie al peso e al calore, e si ottengono pannelli di legno artificiale.

Figura 9 - Esempio di pannello di MDF fresato.

Poiché la resina utilizzata per la lavorazione del MDF è molto nociva, il processo di lavorazione viene svolto in massimi termini di sicurezza per gli operatori. Attualmente in commercio è possibile reperire quasi esclusivamente pannelli di MDF con bassissime quantità di resine potenzialmente nocive (certificazione CARB 2).

L'MDF è un materiale riciclabile al 100%. Viene smaltito direttamente nelle isole ecologiche territoriali.

PANNELLI CURVATI.

Curvare il legno è particolarmente complesso, soprattutto se si vogliono realizzare dei veri "pannelli curvati" e non semplici liste curvate.

Le liste di legno massello curvato, piegate tramite vapore, si utilizzano da Thonet in poi per produrre sedie, sgabelli e oggetti in generale con un design ricercato basato su linee curve e morbide. I pannelli curvati invece si utilizzano per realizzare vere e proprie strutture curve come colonne, divisori, o ante.

Per realizzare i pannelli curvati ci sono vari procedimenti, quello più diffuso nella falegnameria odierna è sicuramente la produzione tramite curvatura di pannelli di multistrato.

Si ottiene grazie a stampi di varie forme e dimensioni i quali permettono di sovrapporre ed incollare vari strati di compensato di legno che, una volta asciugati, formeranno i nostri pannelli curvi di multistrati.

Figura 10 - Esempio di pannello curvato.

Per realizzare forme e dimensioni diverse serviranno differenti stampi, creati appositamente per l'occasione e gelosamente conservati dai vari produttori.

Questi pannelli, come qualsiasi altro derivato del legno, si possono rivestire (in gergo tecnico "impiallacciare") con essenze di vari legni o verniciare a piacere, così da offrire numerose opportunità per la progettazione e la realizzazione di arredamenti di interni.

Differenze tra materiali strutturali.

Non esiste un materiale migliore degli altri ma sicuramente uno è più indicato rispetto ad un altro in base al lavoro da realizzare.

Attraverso questa tabella potrete paragonare, con votazioni da 1 a 5 stelle, varie caratteristiche di ogni pannello per capire al meglio qual è più indicato per voi.

	PANNELLI CURVATI	LISTELLARE	MULTISTRATI	MDF	TRUCIOLARE	LEGNO MASSICCIO
COSTO	****	****	***	**	*	*****
FACILITA' DI LAVORAZIONE	*	****	****	*****	*****	**
RESISTENZA ALL' UMIDITA'	****	****	***	**	*	***
QUALITA' PERCEPITA	****	*****	****	***	**	*****

2 - FINITURE

Nel precedente capitolo abbiamo visto sei differenti tipi di materiali con cui realizzare i pannelli. Ora vedremo come dargli l'aspetto estetico desiderato.

Si identificano con "finiture" tutte quelle tipologie di materiali, verniciature e trattamenti che caratterizzano a livello estetico un pannello.

Anche in questo caso ogni finitura ha delle caratteristiche ben precise, realizzabile con materiali di supporto specifici.

NOBILITATO.

Il nobilitato, molto spesso confuso con il laminato, è un materiale molto diffuso nell'arredamento per via del costo contenuto e della versatilità estetica che offre.

Si tratta di pannelli realizzati con particelle di legno triturato (truciolare) i quali vengono ricoperti o, come si evince dal nome, "nobilitati" con carta melamminica di vario spessore a seconda della finitura estetica e della resistenza voluta.

Figura 11 - Esempio di pannello in truciolare nobilitato bianco.

Anche se questi pannelli sono tutti molto simili al loro interno non si può dire lo stesso per le superfici a vista. Queste infatti vengono rivestite con carte stampate le quali replicano numerosi effetti:

- tinte unite;
- legni;
- tessuti;
- cementi;
- metalli;
- e molti altri.

Esistono vari produttori di nobilitati ma i più conosciuti nell'ambito dell'arredamento italiano sono i seguenti.

- Cleaf è un'azienda italiana che produce superfici e soluzioni innovative per il settore dell'arredo e dell'interior design. Pannelli nobilitati, laminati e bordi interamente sviluppati all'interno dei siti produttivi in Brianza.
  SITO WEB: www.cleaf.it

- Egger è un'azienda Austriaca diffusa in tutta europa fornitore per l'industria del mobile, interior design, costruzioni e pavimenti in legno (nobilitati, laminati, sughero e pavimenti di design).
  SITO WEB: www.egger.com

- Fundermax è un'azienda austriaca diffusa in tutta europa fornitore di materiali esclusivi a base di legno e laminati decorativi.
  SITO WEB: www.fundermax.at

- Kaindl è un'azienda austriaca diffusa in tutta europa che produce materiali e pavimenti decorativi a base di legno per l'industria, il commercio e gli utenti finali.
  SITO WEB: www.kaindl.com

LAMINATO.

Il laminato, come il nobilitato con cui molto spesso viene confuso, è un materiale molto presente nell'arredamento per via della versatilità estetica che offre.

Chiamato dai produttori anche HPL (da non confondere con lo stratificato HPL) sono fogli o lamine decorative, da qui il nome laminato, da 1mm di spessore circa che vengono applicati su diversi pannelli a supporto, solitamente truciolare o MDF.

A differenza del nobilitato, il laminato è molto più resistente alle abrasioni e agli urti. Viene anche utilizzato come prima proposta per i piani da cucina e pavimentazioni.

Figura 12 - Esempio di laminati effetto legno.

I vari fogli di laminato vengono decorati per replicare numerosi effetti:

- tinte unite;
- legni;
- pietre;
- tessuti;
- cementi;

- metalli;
- decori vari;
- e molti altri.

I produttori di nobilitato forniscono gli stessi decorativi (effetti e tinte che replicano) sia per il nobilitato che per il laminato. Questo permette di amalgamare la produzione di arredi mantenendo lo stesso effetto estetico per due elementi realizzati con materiali differenti.

Oltre ai produttori di nobilitato, i produttori più conosciuti in Italia che forniscono solo laminato sono:

- Abet è un'azienda italiana nata a Bra alla fine degli anni Cinquanta, oggi una tra le più importanti realtà produttrici di laminati decorativi.
  SITO WEB: www.abetlaminati.com

- Dal 1954, Arpa progetta e produce pannelli laminati di alta qualità per le più svariate destinazioni d'uso: dall'architettura al design d'interni, dall'health care alla cantieristica navale, dal trasporto all'hospitality, dal retail al kitchen.
  SITO WEB: www.arpaindustriale.com

ANTI-IMPRONTA.

Nuovi processi produttivi e nano-tecnologie applicate al mondo dell'arredamento permettono di avere finiture sempre nuove e particolari; in questo caso anti-impronta. Stiamo parlando di derivati del legno, nello specifico di nobilitati e laminati.

Le caratteristiche comuni ad entrambi i materiali sono l'essere anti-impronta e avere una superficie morbida al tatto, definita dagli addetti al settore "soft-touch" (dall'inglese "tocco leggero").

Una precisazione doverosa per chiarire al meglio queste finiture:

La caratteristica anti-impronta di questi materiali è tale solamente su utilizzata in situazioni "normali", precisamente con mani pulite e prive di qualsiasi sostanza sulla pelle. Se utilizzati ad esempio per realizzare facciate di cucina non garantiranno l'anti-impronta durante la fase di cottura del cibo, in particolar modo se utilizzati con mani unte o particolarmente sudate.

Figura 13 - Esempio di laminati in finitura anti-impronta.

Come le loro versioni "standard" quello più economico tra i due è il nobilitato, prodotto con una sola superficie anti-impronta tenuta per logica all'esterno. Quella interna viene realizzata con la stessa colorazione ma utilizzando finiture classiche.

Questo permette di avere sull'arredo realizzato solamente la facciata esterna anti-impronta, contenendo i costi di produzione e lavorazione del pannello stesso.

Al contrario invece, se si vuole utilizzare del laminato anti-impronta è vivamente consigliato incollarlo da entrambi i lati del pannello, avendo così una finitura uniforme su entrambe le facciate ma aumentandone di molto i costi, sia per l'acquisto doppio (facciata interna ed esterna del pannello) della materia che della sua lavorazione.

Laminati anti-impronta

Il produttore di laminati anti-impronta più conosciuto è sicuramente Fenix.

Fenix è un marchio creato dall'azienda italiana Arpa Industriale che produce pannelli laminati di alta qualità per le più svariate destinazioni d'uso.

Pionieri della categoria, questa azienda ha creato una nuova finitura, copiata e riprodotta da innumerevoli aziende.

SITO WEB: www.fenixforinteriors.com

La particolarità di questo prodotto, confrontato con altri nobilitati e laminati dalle stesse finiture, è la possibilità di essere riparato se inciso con micro graffi. Questa caratteristica è data dalla nanotecnologia con cui è realizzato, in grado di ricomporre la superficie se scaldata.

Nobilitati anti-impronta

Nella categoria dei nobilitati invece il produttore più conosciuto è Cleaf.

Cleaf è un'azienda italiana che produce superfici e soluzioni innovative per il settore dell'arredo e dell'interior design. Pannelli nobilitati, laminati e bordi interamente sviluppati all'interno dei siti produttivi in Brianza e installati in tutto il mondo da architetti e aziende per creare spazi stimolanti in cui vivere e lavorare.

Con la linea di nobilitati chiamata "Piombo", Cleaf è entrata nell'ambito dei pannelli anti-impronta proponendo colorazioni differenti dai concorrenti e riuscendo a contenere i costi della finitura.

SITO WEB: www.cleaf.it

LEGNO MASSICCIO.

Il legno massiccio, chiamato anche legno massello, viene ricavato dalla parte più interna del tronco. Si caratterizza per la presenza di nodi, venature e cambi di colore improvvisi; questo ne conferisce un'imprevedibilità costruttiva che lo rendono al tempo stesso sia difficile da lavorare che pregiato.

Legno puro al 100%, è un materiale ecosostenibile in quanto rigenerabile e riciclabile. Durante la sua lavorazione mantiene tutte le sue caratteristiche strutturali in quanto le lavorazioni di cui necessita per ottenere un prodotto fino tendono a trasformarlo solo nell'aspetto "esteriore".

Gli oggetti prodotti con questo materiale garantiscono una notevole robustezza e quindi grande durata nel tempo, purché si sappia come lavorarlo al meglio. Il legno massello infatti è molto difficile da trattare in quanto, essendo un materiale "vivo" e piano di fibre, tende a muoversi e ad avere continue sollecitazioni nel tempo.

Figura 14 - Travi di legno massello.

A differenza delle altre finiture, il legno massiccio ha un'estetica molto presente, caratterizzata da venature e nodi evidenti. Essendo un materiale ricavato da travi piene, è difficilmente controllabile a livello estetico; sarà infatti complicato avere una trave del tutto priva di nodi o con venatura particolarmente rettilinee.

È una finitura estetica non troppo flessibile, in quanto dipende direttamente dalla trave che si sceglie in fase di lavorazione. Se in lunghezza è possibile trovare travi particolarmente lunghe, non è possibile dire la stessa cosa per la larghezza. La larghezza di una trave è direttamente proporzionale al diametro della pianta da cui è stata sezionata, pertanto è possibile trovare in commercio travi fino a 80/100 cm di larghezza.

Figura 15 - Travi in legno massiccio accatastate.

Per ovviare a questo limite e realizzare arredi più larghi è possibile giuntare varie travi, lavorazione da effettuare dopo un'attenta analisi in quanto il legno, essendo un materiale vivo, è soggetto a mutamenti nel corso del tempo, portando le travi incollate a muoversi anche dopo anni.

In commercio si trovano con estrema facilita travi medio piccole (lunghe fino a 200 cm), adatte a realizzare mensole, banconi snack e piani d'appoggio in generale. Travi più lunghe sono soggette a caratteri estetici più evidenti come venature disconnesse e nodi molto presenti. Vengono utilizzate ad esempio per realizzare tavoli da pranzo o pannelli divisori. Questo accade perché è molto difficile avere una pianta regolare per un'altezza oltre i 200 cm; oltre questa misura infatti l'albero avrà subito, nel corso della sua esistenza, sviluppi anomali, torsioni e cipollature, che ne avranno modificato la crescita.

LE ESSENZE.

Quando si parla di legno nella falegnameria moderna difficilmente si parla di legno massello.

Solitamente infatti si utilizzano legni tranciati, ovvero fogli molto sottili ottenuti dalla "tranciatura delle assi di legno massello.

Lo spessore di questi fogli si misura in decimi di millimetro e possono avere varie misure a seconda del loro utilizzo:

- 10/10: equivale a 1 mm ed è lo spessore più comune;
- 20/10: equivale a 2 mm e viene spesso utilizzato per superfici più resistenti;
- 30/10 e oltre: hanno spessori superiori a 3 mm e vengono utilizzati in particolare per i bordi dei pannelli, per rivestire gradini di scale o altre superfici con elevate possibilità di scalfitura.

Il legno tranciato viene acquistato dai falegnami in pacchi composti da un numero pari di lastre (Esempio:12/24/32 ...). Le misure dei tranciati dipendono ovviamente dal tipo di legno; se l'altezza della lastra è correlata all'altezza della pianta, la larghezza è quasi sempre tra i 15 e i 30 cm circa.

Per realizzare pannellature dalle dimensioni elevate è necessario quindi giuntare insieme più lastre per avere una superficie maggiore. Una volta realizzato il foglio di lastre con le dimensioni necessarie verrà incollato tramite colle apposite a pannelli di supporto.

Ci sono moltissimi tipi di essenze in tutto il mondo ma quelle più usate nella falegnameria italiana sono le seguenti.

ABETE

PROVENIENZA:	Austria, Svezia, Finlandia.
PESO SPECIFICO:	tra i 450 e i 520 kg/m3
DESCRIZIONE:	In falegnameria si distingue tra Abete Bianco e Abete Rosso. Il primo ha un colore bianco-giallastro con venatura poco marcata; è poco resinoso con una scarsa resistenza agli agenti atmosferici. L'Abete Rosso è il più apprezzato anche perché ha una resistenza leggermente maggiore.

ACERO

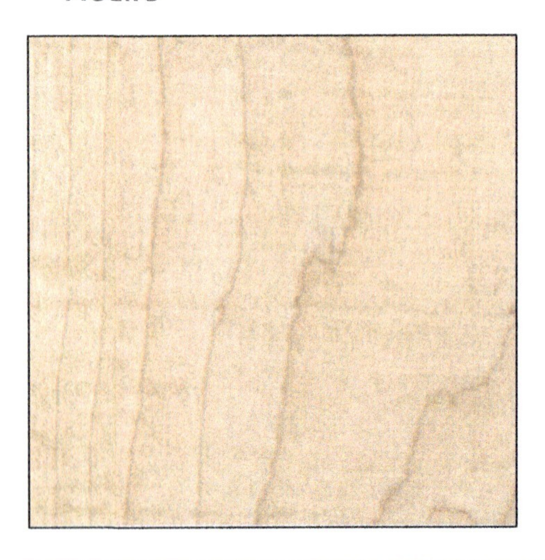

PROVENIENZA:	Europa.
PESO SPECIFICO:	tra i 580 e i 720 kg/m3
DESCRIZIONE:	Il colore può variare dal rossastro con venature ondulate al bianco-giallastro. Nel XVIII e XIX secolo veniva molto usato negli intarsi.

BETULLA

PROVENIENZA:	Europa e Russia.
PESO SPECIFICO:	tra i 550 e i 650 kg/m3
DESCRIZIONE:	La betulla offre un legname di colore chiaro, dal giallo al bianco rosato. Si tratta di un legno tenero, anche se non particolarmente leggero, di media durezza. Il legno di betulla è particolarmente elastico e flessibile, ma nello stesso tempo risulta molto delicato. Teme l'umidità e l'attacco dei parassiti del legno, circostanze che ne sconsigliano l'utilizzo all'aria aperta.

CASTAGNO

PROVENIENZA:	Europa meridionale e occidentale
PESO SPECIFICO:	tra i 570 e i 700 kg/m3
DESCRIZIONE:	Il castagno è un legno pregiato, leggero e resistente. E' un'essenza semidura con una fitta venatura, non perfettamente facile da lavorare, che non sempre assicura ottimi risultati con riguardo alle varie lavorazioni, quali taglio, piallatura, ecc.

CILIEGIO

PROVENIENZA:	Stati Uniti orientali
PESO SPECIFICO:	tra i 600 e i 720 kg/m3
DESCRIZIONE:	Il Ciliegio è facilmente riconoscibile per il suo colore bruno-arancio rosato e la fibratura dritta. Molto ricorrente nei mobili in massello piemontesi ed emiliani, ma anche nei mobili popolari francesi.

EBANO

PROVENIENZA:	Africa
PESO SPECIFICO:	950 kg/m3
DESCRIZIONE:	L'Ebano ha un durame riconoscibile per il suo colore molto scuro e le striature chiare e parallele, che gli conferiscono un aspetto molto bello. Infatti è un legno molto pregiato.

FAGGIO

PROVENIENZA:	Europa centrale
PESO SPECIFICO:	tra i 650 e i 700 kg/m3
DESCRIZIONE:	Il legno di Faggio è molto compatto e presenta una venatura fitta ed uniforme. Ha un colore crema chiaro e rosa se trattato con il vapore per renderlo più resistente all'attacco dei funghi o per curvarlo. È facilmente lavorabile grazie alla sua compattezza.

FRASSINO

PROVENIENZA:	Stati Uniti oritentali
PESO SPECIFICO:	tra i 500 e i 750 kg/m3
DESCRIZIONE:	Il Frassino ha un colore chiaro tendente al cipria con venature grossolane. Infatti la verniciatura non risulta mai uniforme perché le venature assorbono in modo diverso la vernice. Per questo viene utilizzato in mobili rustici che richiedono un aspetto più grezzo e meno rifinito. È un legno molto flessibile e facile da lavorare.

IROKO

PROVENIENZA:	Costa d'Avorio
PESO SPECIFICO:	tra i 650 e i 700 kg/m3
DESCRIZIONE:	L'iroko è un tipo di legno particolarmente duro, di colore giallo-bruno, talvolta variegato dopo la stagionatura. Difetto dell'iroko è la bassa resistenza agli urti.

LARICE

PROVENIENZA:	Canada e Siberia
PESO SPECIFICO:	tra i 600 e i 700 kg/m3
DESCRIZIONE:	Il Larice proviene dalle zone montuose del centro Europa. È un legno di colore rossiccio ed estremamente ricco di resina, con una venatura molto fitta e parallela. La presenza di una grande quantità di resina lo rende poco lavorabile.

MOGANO

PROVENIENZA:	Costa d'Avorio, Congo, Nigeria e Ghana
PESO SPECIFICO:	tra i 650 e i 700 kg/m3
DESCRIZIONE:	Il Mogano ha il classico colore rossiccio ed una tessitura fine con fibra intrecciata. Ha una durabilità molto importante soprattutto se conservato in luoghi asciutti.

NOCE CANALETTO

PROVENIENZA:	Stati Uniti
PESO SPECIFICO:	tra i 600 e i 700 kg/m3
DESCRIZIONE:	Il Noce Canaletto, chiamato anche Noce Americano, ha colore marrone scuro che tende a scolorire. Non è facilissimo da lavorare a causa della fibra che tende a sollevarsi rovinando gli attrezzi.

NOCE NAZIONALE

PROVENIENZA:	Europa centrale e meridionale
PESO SPECIFICO:	tra i 580 e i 720 kg/m3
DESCRIZIONE:	Il Noce è di colore bruno con venature nere e scure, è uno dei migliori legni, sia per l'estetica sia per la lavorabilità. Non ha una grande durabilità, ma se viene utilizzato negli arredi interni non presenta problemi, anzi è molto amato.

OKOUME

PROVENIENZA:	Gabon
PESO SPECIFICO:	tra i 380 e i 450 kg/m3
DESCRIZIONE:	L'okoumé è considerato come il legno più idrorepellente in assoluto; appartiene alla famiglia dei moganoidi e quindi si presenta di colore rosato, ma a differenza del mogano il costo è molto più contenuto.

OLMO

PROVENIENZA:	Stati Uniti
PESO SPECIFICO:	tra i 450 e i 600 kg/m3
DESCRIZIONE:	L'Olmo è usato soprattutto nei mobili rustici ma anche nei listoni per pavimenti, nelle traversine dei binari ferroviari o nella realizzazione di oggetti decorativi e soprammobili. È di colore marrone, ma tende a scurirsi con il tempo. E' soggetto a deformazioni e facile preda dei tarli anche se durevole persino se immerso in acqua.

PALISSANDRO

PROVENIENZA:	India, Sri Lanka e Brasile
PESO SPECIFICO:	850 kg/m3
DESCRIZIONE:	Il Palissandro si presenta duro, resistente, di porosità abbastanza elevata e di colore marrone con striature nerastre. Ha un odore dolciastro molto persistente e per questo viene anche detto legno di rosa.

PINO

PROVENIENZA:	Europa del nord
PESO SPECIFICO:	tra i 450 e i 550 kg/m3
DESCRIZIONE:	Il Pino è un legno ricco di resina ed è più duro e resistente dell'Abete. L'alburno (la parte più esterna del tronco) è bianco rosato mentre il durame (il cuore del fusto) risulta più giallastro e tendente al bruno-rosato.

ROVERE

PROVENIENZA:	Europa
PESO SPECIFICO:	tra i 650 e i 850 kg/m3
DESCRIZIONE:	Il Rovere viene utilizzato per i mobili di pregio fin dal Medioevo. È di colore giallo con picchiettature scure e ha fibra dritta e grossolana. Molto duro e resistente anche ai cambiamenti climatici e all'usura.

TEAK

PROVENIENZA:	Siam e Birmania
PESO SPECIFICO:	tra i 680 e i 750 kg/m3
DESCRIZIONE:	Sono alberi dal tronco grosso, diritto e cilindrico, che cresce fino ai 30-40 metri in altezza e fino a 1,5 m di diametro. Il legno ha un colore che varia dal giallo pallido al bronzo e tende a volte al rosso. Contiene una resina oleosa naturale che lo rende estremamente resistente. Non è attaccato neppure dalle termiti.

TOULIPIER

PROVENIENZA:	Stati Uniti Orientali
PESO SPECIFICO:	450 kg/m3
DESCRIZIONE:	Tutte le parti della pianta sono tossiche per l'uomo per ingestione. Essendo un albero che cresce alto, dritto e piuttosto velocemente, fornisce del legname che, con le sue caratteristiche di lavorabilità, stabilità e peso specifico (480 kg/m³ essiccato) lo rendono adatto ad un gran numero di impieghi. Ha colore biancastro, venatura evidente con fiammature scure o verdastre e consistenza tenera.

WENGE

PROVENIENZA:	Camerun, Congo, Gabon e Mozambico
PESO SPECIFICO:	tra i 750 e i 800 kg/m3
DESCRIZIONE:	Si tratta di un'essenza molto dura e di colore scuro a volte con striature gialle molto sottili. Il legname viene impiegato nella costruzione di mobili, falegnameria d'interni, pavimenti, impiallacciature ed ebanisteria. In Africa viene usato per la realizzazione di tamburi grazie alla sua buona risonanza. Inoltre in liuteria è utilizzato su strumenti a corda per le sue caratteristiche timbriche e di durata del suono.

ZEBRANO

PROVENIENZA:	Camerun, Congo e Gabon
PESO SPECIFICO:	tra i 650 e i 700 kg/m3
DESCRIZIONE:	In genere il legno zebrano si lascia lavorare bene e perfettamente con tutti gli attrezzi usati in falegnameria. Pochi legni come lo zebrano risentono gli alti e bassi della moda, forse a causa della sua troppo evidente venatura che tuttavia presenta ottime doti decorative. Lo zebrano venne impiegato largamente nella produzione di mobili attorno gli anni 30.

LE LACCATURE.

Per laccatura si intende uno o più strati di vernice completamente coprenti, che non lasciano vedere lo strato sottostante.

Si dividono in due categorie a seconda del grado di riflessione che donano alla superfice: opache o lucide.

Essendo delle finiture realizzabili attraverso una verniciatura ho preferito analizzarle nel capitolo successivo, dedicato appunto ai vari tipi di verniciatura.

FRESATI.

Molto in voga in questo momento storico, per fresato si intende un pannello decorato tramite fresatura (scavo eseguito con lame sagomate). Realizzati sia in essenza che in finitura laccata, esistono vari tipi di decori.

Sono particolarmente indicati per ante e facciate verticali, boiserie e pannelli in generali.

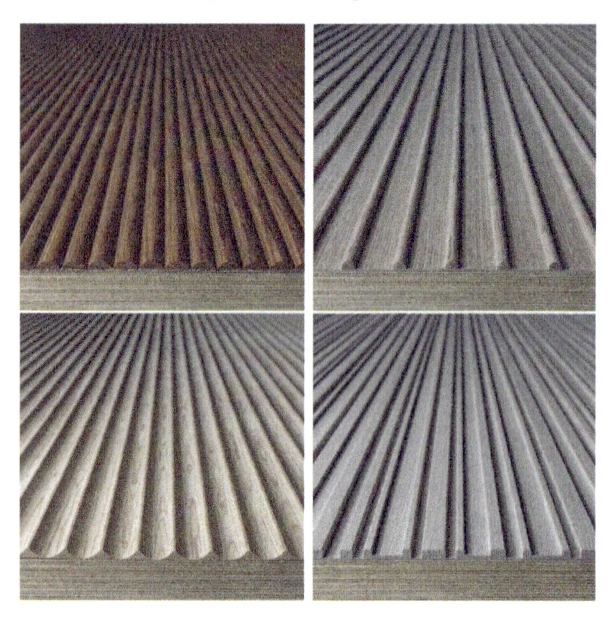

Figura 16 – Vari esempi di fresati in essenza.

3 - LE VERNICIATURE

Come accennato in precedenza, il mondo dell'arredamento è caratterizzato da finiture estetiche molto diverse tra loro. Circa la metà di queste però è realizzabile grazie a verniciature di diversa natura.

Vediamo quali.

I TRATTAMENTI PRE-VERNICIATURA SULLE ESSENZE.

Quando parliamo di legno massiccio ed essenze dobbiamo sapere che, prima di procedere con la verniciatura, è possibile eseguire dei trattamenti sulla superficie che ne modificano l'aspetto donando al trattamento successivo una caratterizzazione aggiuntiva.

Le più importanti e diffuse sono:

- levigatura;
- spazzolatura;
- sabbiatura.

LEVIGATURA.

Le superfici in legno, in particolare quelle realizzate con le essenze, vanno finemente levigate prima di essere verniciate.

Il passaggio di tamponi con carte abrasive, chiamate anche "carta vetrata", dalla diversa grammatura permette di rendere la superficie perfettamente liscia e levigata, eliminando molte impurità come macchie, aloni e porzioni di materiale non completamente piano.

Esistono diversi tipi di carte abrasive caratterizzate da grane differenti e classificate per numero, dal più basso al più alto. Più è alto il numero della carta utilizzata e più si otterrà una superficie liscia al tatto.

Uno dei fattori che incide sul costo di questo processo di lavorazione è la suddivisione obbligata in vari passaggi. Dovendo levigare il pannello partendo da una superficie grossolana è necessario procedere per livelli utilizzando molte carte abrasive differenti, partendo da carte classificate con un numero più basso fino ad arrivare a quelle con un numero più elevato.

Se si utilizzassero direttamente carte dalla classificazione elevata la superficie sarebbe mal levigata e presenterebbe difetti ben visibili. Per velocizzare questi passaggi generalmente si utilizzano, se il pannello lo permette, dei macchinari che levigano con grane basse per poi rifinire il tutto a mano utilizzando le grane più alte.

Curiosità: *Nella levigatura delle essenze di legno è molto diffuso il termine "andare in terra santa" per indicare una levigatura troppo aggressiva che rimuove tutto lo spessore dell'essenza mostrando il pannello sottostante. In questi casi sarà necessario rifare completamente il pannello.*

SPAZZOLATURA.

Sia il legno massiccio che le essenze sono formati da venature che possono essere più o meno marcate a seconda del tipo di legno utilizzato. Per evidenziare queste venature sia alla vista che al tatto ci sono due processi lavorativi: uno di questi è la spazzolatura.

Spazzolare una superficie significa per l'appunto passare energicamente una spazzola metallica rimuovendo le parti molli delle venature creando solchi più o meno marcati a seconda della forza applicata.

Nella fase di verniciatura questi solchi creeranno un effetto "movimentato" seguendo il disegno già ben definito dall'essenza utilizzata, donando così un effetto rustico alla superficie.

Anche in questo caso come nella levigatura ci sono vari metodi per spazzolare un pannello, dal semplice passaggio manuale fino a macchinari automatici. È bene precisare che un passaggio manuale della spazzola, al contrario di un macchinario automatico a rulli, permette di seguire al meglio le venature e le forme del legno.

SABBIATURA.

Se attraverso la spazzolatura si creano solchi lungo le venature appena visibili, con la sabbiatura si riesce ad andare molto più in profondità, facendo emergere tutta l'essenza rustica del materiale.

Un getto di sabbia ad alta pressione permette di asportare una gran quantità di materiale in prossimità delle venature, in particolare nelle parti più morbide delle stesse.

Questo procedimento è indicato, se non del tutto circoscritto, all'utilizzo su legno massiccio. Asportando uno spessore elevato delle venature è necessario avere uno spessore di partenza più alto. Per questo motivo le essenze, solitamente realizzate da 1, massimo 2 mm di spessore, non sono adatte a questa lavorazione.

LE VERNICIATURE SULLE ESSENZE.

Sia sul legno massiccio che sulle essenze è necessario applicare una verniciatura protettiva per impedire alla superficie di deteriorarsi nel tempo. Ci sono moltissimi modi per applicare una verniciatura ed ottenere il relativo effetto.

In questo capitolo vedremo quelle più diffuse.

EFFETTO NATURALE.

L'effetto più semplice da ottenere è sicuramente quello naturale.

Nonostante il legno sia un materiale bellissimo anche da grezzo è necessario proteggerne la superficie da abrasioni e agenti esterni per evitarne il deterioramento. Per farlo si utilizzano vernici trasparenti che coprono l'intera superficie senza alterarne troppo le caratteristiche estetiche.

La brillantezza o lucentezza di una superficie viene espressa in "Gloss" ed è una proprietà ottica, basata sull'interazione della luce con le caratteristiche fisiche della superficie stessa, ossia la sua capacità di riflettere la luce in modo speculare.

L'alterazione di questo effetto è data dalla lucentezza della superficie, misurabile in Gloss o GU (Gloss Unit) su una scala da 0 a 100 GU. Più i gloss di una vernice sono alti e più la superficie trattata sarà lucida; al contrario meno Gloss corrisponderanno ad un effetto più "naturale".

L'applicazione di qualsiasi strato di vernice, anche se a 0 Gloss, comporterà l'alterazione inevitabile del colore della superficie. Più i Gloss saranno elevati e più la percezione del colore cambierà.

Per questo motivo consiglio sempre di visionare dei campioni di prova con la verniciatura desiderata.

Figura 17 - Esempio di Rovere naturale.

Un altro fattore molto importante da tenere ben presente per questo effetto è la maturazione dell'essenza al sole. Ogni essenza infatti subisce un cambiamento cromatico se esposta ai raggi del sole. Più la superficie viene coperta da verniciature o tinte e meno questo cambiamento si vede. Mantenendo un effetto naturale senza applicare nessuna tinta comporterà un cambiamento molto visibile nel tempo.

PORO APERTO.

La verniciatura a poro aperto è una lavorazione semplice da realizzare ma molto caratteristica, che evidenzia le venature del legno scavandone i solchi rendendole così percepibili al tatto.

Per realizzare questo effetto è necessario avere una superficie rivestita con un'essenza di legno da almeno 10/10 (1 mm) di spessore. Prima della verniciatura si dovrà passare una spazzola metallica creando dei solchi in corrispondenza della parte molle delle venature. A questo punto si può trattare la superficie con le verniciature più classiche, dal trasparente naturale fino alle tinte.

Questo effetto rende materica l'essenza creando un gioco di riflessi e ombre sulle venature.

Figura 18 - Esempio di Rovere laccato opaco a poro aperto.

È molto indicata per le superfici verticali ma fortemente sconsigliata su quelle orizzontali. Questo perché nei solchi delle venature potrebbe annidarsi lo sporco e rendere la superficie difficile da pulire.

Nel caso in cui si volesse comunque realizzare questo effetto su piani orizzontali è bene non esagerare con la spazzolatura in modo da avere un compromesso tra effetto estetico e manutenzione.

LE TINTE.

I legni massicci e le essenze possono prende, oltre che un effetto naturale, anche colorazioni differenti rispetto a quelle che hanno in natura. Per farlo è necessario applicare delle tinte in modo da colorarne la superficie.

Attraverso le tinte è possibile ottenere dei legni dal colore grigio, avorio, nero, rosso, e molti altri. È possibile inoltre sovrapporre più tinte per ottenere colorazioni ed effetti particolari.

Le variazioni di colore del legno di partenza non sono mai omogenee ma cambiano a seconda del disegno e della venatura che contraddistingue il legno utilizzato.

Figura 19 - Vari esempi di Rovere verniciato con tinte diverse.

Tingere un legno è un processo semplice a dirsi ma che risulta essere difficile da controllare, soprattutto se si vuole ottenere una tinta completamente diversa rispetto al colore di partenza. I legni inoltre hanno una colorazione di base che modifica l'effetto che la tinta ha sulla superficie.

Questa colorazione cambia sia da un'essenza ad un'altra ma anche tra vari pezzi di legno della stessa essenza. In particolare sui tranciati, i quali vanno utilizzati sempre provenienti dallo stesso pacco per non avere discromie finali.

ATTENZIONE:

È bene sapere che aggiungere o sostituire dei pezzi di arredo tinti comporterà una ricerca della tinta utilizzata in precedenza. Anche se si ottiene la stessa colorazione del pannello originale è possibile che, con il passare del tempo, la "maturazione" del colore cambi in modo diverso tra i due pannelli.

DECAPÈ.

Il decapè è una verniciatura particolare che mira a dare un effetto invecchiato alla superficie trattata. E' una pratica molto datata, risalente alla prima metà del Settecento.

Per realizzarla è necessario avere una superficie in essenza di legno che andrà spazzolata per scavarne la venatura. Una volta spazzolata, la superficie sarà verniciata con una tinta colorata per poi essere carteggiata asportando solo alcune porzioni di vernice. Infine il tutto sarà fissato con una vernice trasparente.

Questa lavorazione dona all'arredo un effetto trasandato e "vecchio"; per questo motivo è particolarmente utilizzato su arredi in stile molto decorati.

Figura 20 - Esempio di finitura Decapè.

LACCATURE.

Con il termine laccature si intendono tutte quelle verniciature, siano esse poliuretaniche o all'acqua, che coprono interamente una superficie attraverso uno strato "laccato". Vengono realizzate principalmente su arredi in MDF; questo materiale infatti si presta molto bene ad essere verniciato per la sua regolarità e mancanza di difetti superficiali.

Essendo una vernice viene applicata su tutta la superficie del pannello in modo omogeneo senza lasciare aloni o altre variazioni di tonalità. È possibile scegliere qualsiasi tipo di colorazione, crearla appositamente o selezionarla dai vari campioni colore come i RAL, SIKKENS o altre "mazzette colore".

Per realizzare una laccatura è sempre necessario applicare prima uno strato di fondo o primer che faciliti l'adesione della verniciatura finale alla superficie.

Esistono diversi tipi di laccature; vediamole nelle prossime pagine.

SOLO FONDO O CEMENTITE.

La sola applicazione del primo strato di verniciatura chiamato fondo o primer permette di isolare la superficie. Questa finitura viene richiesta quando, per esempio, si vuole realizzare un armadio a filo-muro con le ante tinteggiate come la parete a fianco.

Come si può intuire dall'esempio, il fondo permette di avere già una base verniciata su cui stendere la vernice del muro in modo da non dover passare troppe mani della stessa sulle ante.

Rispetto ad una laccatura opaca questa finitura ha un costo nettamente inferiore. Considerando però che l'applicazione del fondo è soltanto metà del processo di verniciatura, bisognerà poi sommare anche il costo aggiuntivo dell'imbianchino che tingerà le ante come il muro.

LACCATO OPACO.

Per laccato opaco si intende una finitura esterna realizzata tramite verniciatura che ricopre tutta la superficie con uno strato di vernice opaca. Come tutte le vernici, non è duratura nel tempo. Col passare degli anni infatti tende a modificare il proprio colore a seconda degli agenti atmosferici a cui viene sottoposta, raggi del sole compresi.

Essendo una verniciatura, ricopre interamente il pannello. Questo permette di realizzare lavorazioni come le maniglie "a gola" o tagli ed incisioni decorative di vario tipo.

Sconsigliamo l'utilizzo della finitura laccata su piani orizzontali, in particolare ad uso pratico come scrivanie o simili. La verniciatura infatti risulta morbida al tatto ma molto sensibile alle abrasioni.

Per pulire le superfici laccate basta un semplice panno umido con del sapone neutro.

Figura 21 - Esempio di laccatura opaca turchese.

PATINATURA.

La patinatura è una tecnica di verniciatura che valorizza i volumi dell'arredo esaltandone le forme e donandogli un aspetto "antico". Maggiormente indicata per arredi caratterizzati dall'applicazione di sagome e decori in rilievo, questo trattamento è composto da varie fasi di lavorazione.

Per prima cosa bisogna verniciare la superficie con una tinta colorata che farà da fondo, solitamente una colorazione chiara tra il bianco e l'avorio. Ad asciugatura completata bisognerà "sporcare" l'arredo con una patina colorata, facendo attenzione a spingerla in ogni fessura.

Infine, prima che asciughi l'ultimo strato della patina bisognerà asportare la quantità in eccesso dalle parti che non si vogliono evidenziare.

In questo modo il fondo chiaro farà da contrasto alla patina applicata di colore più scuro, evidenziando ogni volume dell'arredo.

Figura 22 - Esempio di patinatura leggera.

LACCATO LUCIDO.

Anche la laccatura lucida è, come quella opaca, una finitura esterna realizzata tramite verniciatura che ricopre interamente la superficie. L'effetto lucido che rende particolare questo trattamento lo penalizza sotto l'aspetto della resistenza alle abrasioni. Pertanto, rispetto alla laccatura opaca, quella lucida è completamente da evitare sulle superfici orizzontali, a meno che non siano semplici piani decorativi o mobili espositivi.

Un grosso punto a sfavore di questo trattamento è la fase di pulizia e manutenzione ordinaria, in quanto risulta difficile da pulire per via delle numerose impronte che rimangono al tatto.

Esistono due modi per realizzare una laccatura lucida: laccato lucido diretto o spazzolato.

Figura 23 - Esempio di laccatura bianco lucido diretto.

Il lucido diretto è una verniciatura che si applica sulla superficie senza nessun altro trattamento necessario.

Questa finitura sarà si lucida ma non priva di imperfezioni come aloni o leggeri solchi visibili in controluce.

Il lucido spazzolato invece è una finitura molto più complessa, che ottiene la sua caratteristica tramite spazzolatura, sia essa a mano o tramite macchinari. Ciò comporta un conseguente aumento dei costi rispetto al lucido diretto dato dai numerosi processi di lavoro. Rispetto al lucido diretto, la finitura spazzolata è molto più omogena con una lucentezza maggiore e senza imperfezioni in controluce.

METALLIZZATO.

Molto in voga negli ultimi anni, la laccatura metallizzata si ottiene con l'applicazione di vernici apposite. Con questa finitura è possibile mantenere una superficie sia opaca che lucida che abbia un effetto metallizzato.

Figura 24 - Esempi di verniciature metallizzate.

4 - DIFFERENZE TRA LE FINITURE

Come per i materiali strutturali non esiste una finitura migliore o peggiore; ognuna infatti rappresenta il gusto e l'estetica del cliente che commissiona l'arredo.

Attraverso questa tabella potrete paragonare, con votazioni da 1 a 5 stelle, varie caratteristiche di ogni finitura e laccatura per capire al meglio qual è più indicata per voi.

	COSTO	FACILITA' DI LAVORAZIONE	PULIZIA E MANUTENZIONE	RESISTENZA ALLE ABRASIONI
NOBILITATO	*	****	****	**
LAMINATO	**	***	****	****
ANTI-IMPRONTA	****	***	**	***
LEGNO MASSICCIO EFFETTO NATURALE O TINTO	****	**	**	****
ESSENZE EFFETTO NATURALE O TINTO	****	****	**	***
DECAPE'	*****	*	***	***
LACCATO OPACO	***	***	***	***
PATINATURA	*****	*	***	***
LACCATO LUCIDO DIRETTO	****	***	*	*
LACCATO LUCIDO SPAZZOLATO	*****	***	*	*
LACCATO METALLIZZATO	*****	**	***	**

www.bergomarco.it

5 - MATERIALI DA COMPLETAMENTO

Il mondo dell'arredamento non è costituito da solo legno. Un ruolo fondamentale nella realizzazione estetica di un progetto lo giocano soprattutto i materiali da completamento come le decorazioni in metallo, superfici a specchio, piano da lavoro in pietra e molti altri.

VETRI E SPECCHI.

Vetri e specchi permettono di alleggerire l'estetica di un arredo, inserendo volumi trasparenti o riflettenti.

Per quanto riguarda gli specchi, ne esistono di vari tipi: classico, fumè e bronzato sono tra i più diffusi.

Il primo modo per verificare la qualità di uno specchio è lo spessore; più è sottile infatti e più è possibile contenerne i costi. In media un buono specchio non deve essere più sottile di 4 mm. Al di sotto di questo spessore anche la qualità dell'immagine riflessa potrebbe risentirne.

Per quanto riguarda i vetri invece le tipologie più diffuse sono le seguenti.

Trasparente

È un vetro completamente trasparente, utilizzato in vari modi. Ha una colorazione tendente al verde.

Extra-chiaro

A differenza del vetro precedente non ha una colorazione di base tendente al verde ma è completamente trasparente in quanto ha una minore concentrazione di ossido di ferro. Rispetto al vetro trasparente classico ha un prezzo maggiore.

Riflettente o stop-sol

I vetri riflettenti, chiamati anche "stop-sol" sono dei vetri che riflettono la luce del sole grazie all'applicazione di una laminatura metallica. Molto diffusi nell'edilizia, nell'arredamento vengono utilizzati su armadi e cabine armadio per creare un effetto a specchio se l'illuminazione interna è spenta, mentre dare trasparenza e vedere il contenuto se la luce è accesa.

Grigio

Il vetro grigio è un vetro colorato in pasta. La densità del colore e la tonalità dipendono dalla concentrazione delle sostanze sciolte al suo interno.

Bronzato

Come il vetro grigio, anche quello bronzato è un vetro colorato in pasta. Anche in questo caso la colorazione dipende dalle sostanze aggiunte.

Satinato

Il vetro satinato si ottiene grazie ad una lavorazione industriale realizzata su lastre di vetro di grandi dimensioni da aziende specializzate. È un processo che elimina la trasparenza del vetro senza intaccarne la trasmissione luminosa. Essendo un trattamento è realizzabile su vetri trasparenti, extra-chiari, grigi o bronzati.

METALLI.

Metalli di vario tipo vengono utilizzati principalmente per creare telai o strutture resistenti che possano mantenere dei profili sottili. Le finiture più utilizzate sono le seguenti.

Acciaio inox lucido

Come la finitura laccato lucida anche l'acciaio Inox lucido è il risultato di vari passaggi di lavorazione mediante levigatura. La superficie infatti subisce vari passaggi di levigatura, partendo da carte vetrate con grane più grosse fino ad arrivare a quelle più fini. Quando la superficie è perfettamente liscia bisogna lucidarla con spazzole in cotone mediante movimento rotatorio. Alla fine del processo si otterrà un piano completamente lucido sul quale sarà possibile specchiarsi.

L'elevato costo di questa finitura è dato dai numerosi passaggi per ottenerla; se si dovesse saltare qualche lavorazione per accelerare i tempi si rischierebbe infatti di avere una superficie non perfettamente lucida ma con alcune imperfezioni.

Acciaio inox satinato

L'acciaio inox satinato, a differenza di quello lucido, non brilla e non è possibile specchiarcisi. Per realizzare questa finitura è necessario spazzolare il metallo con apposite grane in modo da levigarne la superficie fino ad ottenere un'abrasione omogenea che dia un effetto opaco.

Questa finitura è molto diffusa nell'arredamento, sia per l'effetto estetico vagamente industriale che per i numerosi vantaggi rispetto alla sua controparte lucida. La superficie in acciaio così lavorata infatti trattiene meno impronte risultando più facile da pulire e, in fase realizzativa, necessita di minori passaggi risultando quindi meno costosa.

Ottone lucido

Anche l'ottone come l'acciaio si presta ad essere trattato per avere finiture lucido e satinate.

Come per l'acciaio dunque, la finitura lucida avrà una superficie perfettamente levigata e completamente riflettente.

Ottone satinato

L'ottone spazzolato ottiene una finitura satinata, generalmente opaca con un'abrasione uniforme.

Effetto brunito

L'effetto brunito è una finitura realizzabile su diversi metalli come il ferro o l'acciaio, o più raramente su ottone, rame o bronzo. Per realizzarla è necessario pulire la superficie del pezzo da trattare e immergerlo in un bagno d'acqua in cui sono diluite varie sostanze tra cui l'acetato di piombo. La quantità di queste sostanze determina il colore che dovrà assumere il pezzo trattato. Per i materiali non ferrosi come il rame o l'ottone è necessario sostituire le sostanze disciolte nell'acqua. Un altro trattamento molto diffuso per ottenere l'effetto brunito è la galvanica, ovvero l'immersione dei pezzi in una soluzione praticando successivamente un'elettrolisi per alcuni minuti.

PIETRE E MARMI.

La pietra è un'aggregazione di vari minerali formatasi naturalmente nel corso del tempo caratterizzata da disegni dovuti a minerali di diverso colore. Il marmo invece è una roccia metamorfica di carbonato di calcio sul quale si creano vari disegni dovuti ai mutamenti di temperatura e pressione. La grossa differenza tra questi due materiali è che la pietra, a differenza del marmo, è un materiale da costruzione non lucidabile.

La principale lavorazione del marmo si completa di altri servizi e tecniche dedicati a pietre, onici, travertini, semipreziosi e graniti, trattati con maestria e artigianalità.

Esistono vari di tipi di pietre e marmi, vediamo quali.

Pietre e quarziti

Ideali per la realizzazione di rivestimenti e pavimentazioni, sono molto resistenti e diffuse nelle opere di pavimentazione esterna, rivestimenti interni, opere di arredo urbano e vari progetti di design da esterno.

Il granito

Roccia nata dal raffreddamento del magma, è composta da grani di varia misura (da qui il suo nome). La sua durezza lo rende adatto alla realizzazione di piani da cucine e bagno.

Travertini

Molto diffuso fin dall'antichità per la sua bellezza, è stato utilizzato nel corso della storia in molti dei monumenti italiani più importanti. Molto resistente agli agenti atmosferici è utilizzato principalmente in edilizia per rivestimenti esterni ed interni.

Onici

Traslucidi e dalle venature di spessori diversi, gli onici sono molto utilizzati nelle decorazioni, nelle pavimentazioni e nei rivestimenti, donando una diversità di colorazione agli ambienti.

Lavorazioni

Come per ogni materiale anche il marmo ha diverse tipologie di lavorazione che ne caratterizzano l'aspetto estetico. Le più importanti sono la lucidatura, la fiammatura, la spazzolatura, la levigatura, la bocciardatura, la sabbiatura e la macchia aperta.

Lucidatura

Ideale per gli ambienti interni, questa lavorazione conferisce alla superficie maggiore lucentezza e colori più brillanti, permettendo su alcuni materiali di specchiarsi al suo interno. Questa lavorazione si ottiene attraverso il passaggio di teste diamantate con diverse grane abrasive che, ruotando, rifiniscono la materia rendendola lucida.

Fiammatura

Con il passaggio di una fiamma ossidrica la superficie, sottoposta ad uno shock termico di circa 600°C, ottiene un aspetto irregolare, ruvido e antiscivolo. Questo trattamento è realizzabile su lastre con spessore maggiore di 1 cm ed è particolarmente indicato per usi esterni come scale, piscine o fontane. Per utilizzarlo all'interno è necessario aggiungere la spazzolatura.

Spazzolatura

Una delle finiture più richieste al momento, permette di rendere la superficie opaca alla vista con una sensazione di morbidezza al tatto.

Levigatura

Adatta a rendere la superficie perfettamente piana, eliminandone le imperfezioni. Questa lavorazione attenua le caratteristiche cromatiche del materiale ed è adatta sia per uso interno che esterno.

Bocciardatura

Lavorazione superficiale la quale dona alla superficie un effetto corrugato, molto simile al materiale naturale. Solitamente è utilizzata per conferire al materiale un aspetto rustico con una qualità antiscivolo.

Sabbiatura

Trattamento che, attraverso la pressione di sabbia o granuli metallici, elimina lo strato superiore della superficie donandole un effetto irregolare. Essendo un trattamento antiscivolo è particolarmente adatto per un uso esterno, piatti doccia e simili.

Macchia aperta

Tipologia di lavorazione estremamente raffinata che, sfruttando marmi particolarmente venati, dispone le superfici creando forme geometriche romboidali speculari.

STRATIFICATO HPL

Lo stratificato HPL è un materiale costituito da strati di carta kraft impregnata con resine termoindurenti, il tutto ricoperto da strati superficiali di carta decorativa pressati a temperature elevate.

È un materiale resistente, pratico, impermeabile e duraturo nel tempo, caratterizzato da finiture estetiche molto diverse tra loro in linea con i gusti e le mode del momento.

Utilizzato principalmente per la produzione di piani cucina e top per mobili bagno, lo stratificato HPL assicura assoluta impermeabilità all'acqua, al vapore e alle infiltrazioni oleose oltre che una resistenza ad alte temperature (fino a 180° C).

"Anche se i produttori ne certificano la resistenza fino ad una temperatura di 180°C personalmente ne sconsiglio l'utilizzo, soprattutto appoggiando pentole e tegami bollenti appena tolti dal fuoco in modo da evitare aloni e bruciature."

I maggiori produttori in Italia di questo prodotto sono:

- Abet è un'azienda italiana nata a Bra alla fine degli anni Cinquanta, oggi una tra le più importanti realtà produttrici di laminati decorativi.
  SITO WEB: www.abetlaminati.com

- Smart è un'azienda che ha fatto dell'innovazione la sua mission, adottando un nuovo approccio produttivo, gestionale e creativo. Anticipando trend e proponendo continuamente nuove soluzioni decorative ha conquistato in poco tempo la fiducia degli addetti ai lavori.
  SITO WEB: www.s-m-art.it

QUARZI.

Il quarzo è un materiale composito realizzato miscelando la quarzite con resine apposite, ai quali si aggiungono polvere di granito, granulati di vetro o alcuni pigmenti.

Le caratteristiche di questo materiale lo rendono adatto alla realizzazione di piani da cucina e top da bagno in quanto risulta molto solido, robusto, con una buona resistenza agli urti, ai graffi e alle ammaccature, igienico e con una durata molto lunga nel tempo.

A livello estetico può avere diverse colorazioni e finiture, dalle tinte unite alle repliche di alcuni marmi esistenti in natura. Inoltre possiede varie finiture tattili: dal lucido all'opaco, passando per un effetto più materico a "buccia d'arancia".

Esistono vari produttori di questo materiale, i più famosi in Italia sono:

- Okite è un'azienda familiare di lunga data con sede a Montesarchio-Bonea (BN) che produce superfici in quarzo per l'edilizia e superfici domestiche.
  SITO WEB: www.okite.com

- Silestone è un prodotto realizzato dall'azienda Cosentino Group, società globale spagnola a conduzione familiare che produce e distribuisce superfici per il mondo dell'architettura e del design.
  SITO WEB: www.silestone.com

- Stone Italiana è un'azienda italiana nata a Verona nel 1979 e oggi è una delle aziende più conosciute nella produzione di quarzo ricomposto.
  SITO WEB: www.stoneitaliana.com

GRES PORCELLANATO.

Solitamente utilizzato per piastrelle e pavimentazioni, il gres porcellanato è un materiale derivato dalla cottura ad alte temperature di vari tipi di argille. Con l'introduzione di nuovi processi produttivi è stato possibile produrre lastre con formati molto più grandi rispetto al passato; ciò ha permesso di utilizzare questo materiale in ambiti nuovi come top per cucina, facciate di arredi e molti altri.

Il gres porcellanato viene prodotto in lastre di vari spessori che possono variare dai 3 fino ai 30 mm circa. È un materiale molto valido che resiste sia all'umidità che alle alte temperature. A livello estetico soddisfa ogni richiesta, dalle tinte unite fino alle repliche di pietre reali, tutte con vari tipi di finitura, dal lucido all'opaco.

Nel mondo dell'arredamento viene solitamente supportato con altri materiali come il multistrati.

Se non supportato a dovere può risultare molto fragile sugli spigoli, in quanto una semplice caduta di un oggetto pesante potrebbe scheggiare o addirittura rompere la lastra. Per ovviare a questo problema è necessario incollare al meglio la lastra al supporto o, per stare più tranquilli, scegliere lastre di spessore maggiore.

www.bergomarco.it

6 – PULIZIA

Pulire e mantenere alcune superfici non è affatto semplice, soprattutto se non se ne conoscono le proprietà.

Di seguito alcune modalità di pulizia per le finiture già trattate in precedenza.

COME PULIRE IL NOBILITATO.

Molto resistente agli agenti chimici contenuti nei prodotti per la pulizia, bastano pochi suggerimenti per trattare questo materiale:

- Molto facile eliminare lo sporco "ordinario", basta infatti un panno morbido e un detergente neutro.
- Per lo sporco più ostinato si può usare anche una spazzola morbida (senza calcare troppo).
- Rimuovere sempre i residui dei detergenti con acqua.
- Per eliminare macchie persistenti potete utilizzare, con la massima cautela senza toccare i bordi, dei prodotti più aggressivi come alcool, diluente o simili (i bordi di questo materiale sono solitamente realizzati in ABS, materiale plastico che si scioglie al contatto con questo tipo di soluzioni).
- Mai utilizzare detergenti abrasivi, detersivi in polvere o pagliette in acciaio. Grattando con forza potreste rovinare la superficie.

COME PULIRE IL LAMINATO.

Molto resistente e duraturo, il laminato è un materiale molto comune nell'arredamento.

La sua resistenza ai graffi, agli urti, alle infiltrazioni e all'umidità lo rendono adatto alla realizzazione di piani e ante per cucine, bagni e pavimentazioni.

Vediamo qualche suggerimento per la sua pulizia:

- Molto facile eliminare lo sporco "ordinario", basta infatti un panno morbido e un detergente neutro.
- Per lo sporco più ostinato si può usare anche una spazzola morbida (senza esagerare)
- Rimuovere sempre i residui dei detergenti con acqua.
- Per eliminare macchie da calcare potete utilizzare una spugna con acqua tiepida e un po' di aceto. Se non si ha alcun effetto utilizzare detergenti acidi (contenenti quindi acido acetico al 10-15% o acido citrico diluito).
- Per eliminare macchie di inchiostro o altre macchie scure potete utilizzare, con la massima cautela dell'alcool.
- Mai utilizzare detergenti abrasivi, detersivi in polvere o pagliette in acciaio. Grattando con forza potreste rovinare la superficie.

COME PULIRE L'ANTI-IMPRONTA.

Queste finiture non richiedono una manutenzione particolare: è sufficiente un panno umido con acqua calda o detergenti delicati. Sono ben tollerati quasi tutti i normali prodotti detergenti o disinfettanti domestici.

Nonostante sia molto resistente, la superficie non deve mai essere trattata con prodotti contenenti sostanze abrasive, spugne macro-abrasive o altri strumenti inadeguati, come carta vetrata o lana d'acciaio.

Gli acidi e i prodotti molto alcalini vanno evitati perché possono macchiare la superficie.

I prodotti sbiancanti o ad elevato contenuto di cloro vanno evitati in quanto potrebbero danneggiare la superficie. L'ipoclorito di sodio deve essere utilizzato in concentrazione inferiore al 5% per non più di 5 minuti, per essere poi sciacquato via con una spugna o un panno.

Non utilizzare prodotti per la lucidatura dei mobili, né prodotti a base di cera in generale, perché tendono a formare sulla superficie uno strato appiccicoso al quale lo sporco aderisce.

Non utilizzare raschietti metallici, spazzole di ferro o altri utensili metallici per rimuovere macchie, vernice, intonaco o altre sostanze.

COME PULIRE LE ESSENZE.

La pulizia di questa tipologia di materiale dev'essere effettuata con costanza, senza permettere il contatto prolungato delle superfici con agenti sporcanti.

Alcuni prodotti da evitare:

- Detergenti a pH basico, soprattutto quelli contenenti ammoniaca, così come la "pulizia energica" con getti di vapore.
- Solventi (acetone o alcool) sono deleteri, in quanto possono facilmente sciogliere e intaccare i rivestimenti protettivi (le vernici) applicate sul legno.

Il miglior modo per pulire le superfici in legno è quello di utilizzare dei detergenti naturali facilmente realizzabili nell'ambiente domestico. Quali prodotti vi servono per rea- lizzare un detergente apposito per la pulizia del legno?

- Dell'aceto bianco (Se volete profumare la soluzione utilizzate quello di mele).
- Dell'olio di oliva. o In una bacinella versate i due prodotti suddivisi rispettivamente in 1/4 di aceto bianco o di mele e 3/4 di olio.
- Miscelate i due ingredienti con un cucchiaio. Se il legno è molto delicato, se sono presenti molte screpolature o se ha una verniciatura molto opaca aggiungete anche 1/4 di tazza di acqua.
- Prendete un panno pulito e immergetelo nella soluzione strizzandolo per bene. Passatelo con delicatezza sulla superficie da pulire seguendo le venature del legno.

L'aceto e l'olio sono due prodotti naturali e biologici, quindi potete tranquillamente utilizzarli ogni volta che ne abbiate la necessità, senza il rischio di rovinare il legno. Per un potere maggiormente lucidante, aumentate la quantità di olio e diminuite quella di aceto.

Creare in casa i prodotti per la pulizia può essere stimolante nel primo periodo dopo l'acquisto, ma sicuramente richiederà tempo e dedizione.

Se volete potete acquistare prodotti adatti nei supermercati o nei negozi specializzati prestando attenzione al contenuto (come specificato all'inizio di questo foglio) e testatelo sempre su un angolo per evitare di rovinare tutta la superficie.

COME PULIRE LE LACCATURE.

La laccatura, che sia lucida o opaca, è una di quelle finiture molto belle ma al tempo stesso molto delicate. La sua delicatezza è data proprio dalla sua essenza, ovvero uno strato di vernice applicato al pannello. Utilizzando panni e prodotti non adatti è possibile intaccare o addirittura rimuovere la vernice, finendo per rovinare la superficie.

Uno degli errori più comuni è pulire con forza la superficie subito dopo la consegna dell'arredo per via del forte odore di "nuovo". Questo odore è dato dalle esalazioni non ancora ultimate della vernice applicata.

Per eliminare questo odore basta arieggiare per qualche giorno la stanza dove è stato montato l'arredo in modo da cambiare l'aria satura di esalazioni.

Ma come possiamo pulire la superficie laccata senza rovinarla?

Basta seguire queste importanti regole:

- Utilizzare solo panni umidi e soffici.
- Se necessario, utilizzare solo detergenti neutri o tipici per la pulizia dei vetri e, nel caso, rimuoverlo subito risciacquando con acqua.
- Provare sempre i prodotti da utilizzare su un angolo poco o addirittura non visibile per evitare reazioni chimiche indesiderate.
- Pulire eventuali macchie subito dopo averle causate per non farle penetrare nella superficie.

- Asciugare sempre e non lasciare residui liquidi.

In caso di scalfiture e incisioni:

- Pulire accuratamente la parte lesa evitando assolutamente l'utilizzo di acetone, ammoniaca, alcool o prodotti a base alcolica per evitare di ledere ancora di più la superficie.
- Ritoccare con un pennellino la parte utilizzando la "boccetta ritocco" fornita al momento della consegna dell'arredo.
- Lasciare asciugare.
- Se necessario ripetere l'operazione.

COME PULIRE GLI ACCESSORI IN METALLO.

Gli accessori in metallo come cerniere, guide dei cassetti o cassetti in metallo devono offrire un piacevole comfort per tutta la vita dei mobili. Per poterli pulire con facilità vogliamo supportarvi con alcuni utili consigli.

- Utilizzare un panno morbido che non lascia pelucchi, una pelle o una spugna;
- pulire con il panno leggermente inumidito, non bagnato;
- asciugare sempre dopo la pulizia;
- se disponibile, usare un detergente specifico per i materiali come pelle, acciaio inox, ecc., diversamente pulire solo con acqua pulita;
- rimuovere subito le macchie di sporco.

Alcune pratiche da evitare invece sono:

- utilizzare apparecchi che erogano vapore;
- utilizzare mezzi pulenti come polvere abrasiva, lana di acciaio o paglia di ferro, nonché detergenti contenenti acetone, cloro, diluenti nitro e solventi il cui nome inizia con tri o tetra.
- conservare i flaconi ad esempio di detergenti, lieviti in polvere, additivi per lavastoviglie o sale da cucina aperti. I vapori causano corrosione su tutte le superfici metalliche.

7 – INTERIOR DESIGN

I materiali e le finiture descritte in questo testo servono a ben poco se abbinate erroneamente o peggio scelte per un progetto mal pensato.

Se interessati all'argomento sotto l'aspetto pratico, troverete in un volume parallelo tutto ciò che vi serve per progettare un'abitazione passo dopo passo, tenendo in considerazione utili regole e fondamenti basilari della materia.

Il libro si intitola *"Semplicemente interior, guida pratica all'interior design"* e potete trovarlo anch'esso in vendita su Amazon.

CONCLUSIONI

Con questo testo spero di averti tolto qualche dubbio sui materiali più utilizzati nel settore dell'arredamento d'interni.

Ricordati di seguirmi su instagram per vedere le mie realizzazioni e scoprire altri consigli sul mondo dell'arredamento! Puoi trovarmi con il nome @bergo_marco oppure scansiona il qr-code per andare direttamente al mio profilo.

Printed by Amazon Italia Logistica S.r.l.
Torrazza Piemonte (TO), Italy